Laura Sorlózano Trigos

APULEYO EDICIONES   FOMENTO DE VALORES   CUENTOS ILUSTRADOS

EL DOLOR DE VÍCTOR

APULEYO EDICIONES   FOMENTO DE VALORES   CUENTOS ILUSTRADOS

ÍNDICE

DEDICATORIA

♥ tod@s aquell@s personas que han caído en el abismo del DOLOR y las repercusiones del mismo en sus vidas.

♥ tod@s aquell@s niñ@s que pasan por un proceso de dolor crónico, a sus familias y seres queridos.

♥ aquellos que no han tenido la suerte de nacer en un lugar con oportunidades para tratar sus dolencias y tienen menos recursos a su alcance.

AGRADECIMIENTOS

A mis hijos Nerea y Mario porque, cuando mi mundo se caía a pedazos, me aferraba a ellos y me ayudaban (sin ser conscientes de ello) a querer seguir ahí, por y para ellos pese al DOLOR y a mis limitaciones.

A mi marido Mario, a mi madre Robledo, a mi hermana Isabel y a mi tía Estrella, por no haberme soltado de la mano; por haber estado siempre ahí, en las buenas y en las no tan buenas. Para ellos también ha sido, y es, un proceso de dolor y pérdidas.

A todos esos familiares y amigos que de alguna manera u otra me han acompañado en este duro proceso y han seguido en mi camino. No puedo escribir todos sus nombres, pero si siguen ahí se sentirán seguro aludid@s.

A mi médico de Atención Primaria y a mi neuróloga por verme y creer en mí.

A mi psicoterapeuta por acompañarme y ayudarme a intentar sanar a nivel emocional y proporcionarme herramientas para vivir "a pesar de".

A mi fisioterapeuta por atenderme como persona y no solo como paciente.

Al doctor de la Unidad del Dolor, que me sigue desde hace ya un tiempo, por buscar las técnicas a su alcance para mejorar mi bienestar físico.

Gracias a Leonor Mª Pérez de la Vega porque sin conocernos, a través de la lectura de su libro "El dolor sí tiene nombre", me he sentido comprendida por ella (pese a que la enfermedad de ambas tenga diferente nombre). Me ha ayudado a reconocerme como doliente, tal como ella se refiere a las personas con dolor crónico, a entenderme más a mí misma y a entender a los demás.

A tod@s aquell@s científicos y especialistas que buscan hallar la mejor manera de manejar y aliviar el dolor crónico de todos los dolientes.

A la presente editorial, que ha hecho realidad mi sueño de poner en vuestras manos este ejemplar para poder hacer más visible el dolor crónico.

JUSTIFICACIÓN DEL RELATO

Soy docente y he trabajado algo más de dos décadas en mi gran pasión, la Educación Infantil.

Existen libros dirigidos a adultos sobre la cronicidad del DOLOR y algunos me han sido de gran ayuda en mi camino junto al mismo.

Afortunadamente, el porcentaje de niñ@s y adolescentes con DOLOR crónico es inferior al de los adultos, pero existe y muchos de ellos son ignorados y no tratados a tiempo. Su diagnóstico ha de ser lo más precoz posible para poder proporcionar un tratamiento interdisciplinar lo más temprano posible, a fin de evitar su duración. Una demora en el mismo puede facilitar que el DOLOR se instaure en sus vidas y se convierta en CRÓNICO.

Es por ello y por amor a mi profesión que he decidido escribir el siguiente relato. El fin es ayudar un poquito a crear conciencia y dar visibilidad al DOLOR crónico, pues no todas las discapacidades son visibles.

Este relato va enfocado a romper la armadura de la indiferencia y dirigido a sobrepasar corazones.

Va encaminado a redirigir la mirada de las personas para aprender a brindar amor a los demás.

Ninguno estamos libres de que nuestra salud sufra un contratiempo: te puede tocar a ti o a cualquiera.

Todos estamos aquí para ayudarnos los unos a los otros. Cuando estamos juntos, apostamos por hacer camino junto a la ESPERANZA y podemos de este modo romper barreras.

Este cuento es pura invención. Algunos de los nombres presentes en el mismo son nombres de personas que son, y han sido, muy importantes para mí en mi complicado camino junto al DOLOR CRÓNICO.

Mi única pretensión a través del mismo es intentar acercarme a es@s niñ@s y adolescentes que padecen DOLOR a diario. Espero que, a pesar de no poder apoyar mi mano en sus hombros, mi granito de arena sea hacerles llegar a ellos y a sus familias mi mensaje:

«Aunque en un principio parezca imposible, pueden VIVIR A PESAR DEL DOLOR. Aceptarlo no significa resignarse a ello».

Mi objetivo es transmitirles que, aunque sienten que desfallecen y han perdido las fuerzas, aún les queda CORAJE en su interior para seguir luchando por sí mismos y poder ser lo más felices posible en esta vida que tenemos, pues es única. Algunas veces costará más hacerlo, otras un poquito menos.

No quiero disfrazar la realidad; quiero decirles que sé que habrá pérdidas en sus vidas. Perderán el poder hacer parte de las cosas que antes les gustaba realizar, perderán tiempo con algunas personas importantes para ellos e incluso perderán personas por el camino, pero no están solos ni son invisibles.

Quiero decirles que se aferren a las personas que derrochan su energía por y para ellos, que se cojan muy fuerte de la mano de sus familias y amistades.

Quiero decirles que aprenderán y disfrutarán haciendo otras cosas nuevas que antes no realizaban y que conocerán muchas otras personas que se convertirán también en seres de luz para ellos.

Su energía, aunque ahora no sean capaces de encontrarla, también es muy importante para los demás. Algún día, sin presiones ni tiempos, se darán cuenta de ello. Mi mensaje es que crean en sí mismos.

A LOS FAMILIARES Y AMIGOS DE ENFERMOS CON DOLOR CRÓNICO

No nos olvidéis ni nos abandonéis en la oscuridad. Vuestra luz puede ser nuestra guía en el tortuoso camino que nos ha tocado.

Dadnos algo de vuestro tiempo. No pongáis excusas para sentiros menos culpables. Es fácil decir "te quiero" y estar en los momentos buenos. Lo difícil es estar en los tiempos difíciles.

Acompañadnos. Poned vuestra mano sobre nuestro hombro. Lo más importante para nosotros es saber que estáis ahí.

Escuchadnos y mostradnos que, aunque no lográis entender completamente la magnitud de nuestro sufrimiento físico y emocional, no nos juzgáis ni comparáis con los demás. El dolor no es mesurable.

Permitidnos llorar. Porque es necesario para sanar y curar lo mejor posible ciertas heridas del alma.

Ayudadnos a levantarnos y si no es posible, acostaos a nuestro lado. Cualquiera podemos caer en el abismo y, a veces, el modo de levantarnos es tan complicado que cuesta hacerlo por uno mismo.

Dedicad tiempo para vosotros mismos, os lo merecéis. Pues duro es el camino también del acompañante.

FRASES RECOPILADAS PARA TI

Las frases de la siguiente página me han ayudado en algún momento de mi camino junto al DOLOR y en mi proceso de aceptación y asimilación de la enfermedad. He intentado relacionarlas para crear un sentido único y completo. Quiero compartirlas contigo. Ahora deseo de todo corazón que puedan ayudarte a ti.

Con mucho cariño, Laura.

Aunque "nadie es libre de sucumbir física y mentalmente ante una tempestad tan inmensa"...
..."Cuando algo malo te suceda tienes tres opciones:
Dejar que te marque
Dejar que te destruya
O dejar que te fortalezca".
Recuerda que "siempre es pronto para rendirse" (Norman Vincent Peale).

"El problema no es tocar fondo, es quedarte viviendo en él".

"¿Sin una razón para resistir? Te doy una muy grande: ¡¡TÚ!!".

"El primer paso es decir que sí puedes".

"La mayor muestra de valentía es ver a una gran persona luchar contra la adversidad" (Séneca).

"No dudes en apoyarte en aquellos que te aman, pues están ahí para darte aliento".

"No te rindas, que la vida es eso, continuar el viaje, perseguir tus sueños, destrabar el tiempo, correr los escombros y destapar el cielo" (Mario Benedetti).

EL DOLOR DE VÍCTOR

Es fin de semana y esta mañana Víctor se ha despertado temprano. Ha desayunado, se ha lavado los dientes y se ha vestido para poder ir a jugar con sus amigos Demian y Noelia.

Estaban pasándolo genial cuando, de repente, Víctor ha tropezado con una piedra. Ha perdido el equilibrio y se ha caído al suelo.

Al levantarse, le dolía la rodilla. Así que sus amigos lo han acompañado a su casa. Después, sus padres, Javi y Ana, lo han llevado al hospital. Allí le han vendado la pierna. Les han dicho que debe guardar reposo unas semanas y desplazarse con muletas.

A Víctor se le pasa el tiempo despacio, pero aprovecha para jugar a juegos de mesa con sus padres cuando no tienen que trabajar. También, aprovecha para leer muchos libros, su gran pasión. Su tía Tere lo visita para hacer algunas manualidades, ayuda a su abuelo Godofredo a cocinar algún que otro bizcocho y aprovechan para ver fotos de la familia, recordar anécdotas divertidas que les han pasado juntos e incluso jugar a las cartas.

Las semanas por fin han pasado y Víctor puede retirar su vendaje y apoyar la pierna, pero parece que su rodilla ya no es su rodilla.

Parece como si su rodilla fuera corcho, parece anestesiada. Ya no le responde ni puede moverla como antes. Siente que ya no lo sostiene. Le recorre un ardor abrasador. Decenas de hormigas recorren su rodilla y parece que le pinchan con cientos de agujas. Se siente preocupado, siente mucho DOLOR.

Víctor y sus padres parecen confusos. Al principio piensan que todo se irá, pero los días van pasando y Víctor no resiste estar de pie ni caminar. Tiene que seguir desplazándose con la ayuda de las muletas. Entonces, van a visitar de nuevo al doctor y este le receta un analgésico. La medicación no tiene el efecto esperado.

Acuden a la consulta de varios médicos. Algunos no creen en él, otros dicen que sí creen en él, pero no saben qué le sucede.

El DOLOR sigue ahí, acechando, no quiere marcharse. Víctor no puede descansar bien por la noche.

Un día escucha que una vecina pregunta a su madre qué le pasa. La vecina piensa que Víctor se lo está inventando o exagerando para llamar la atención. La vecina dice que conoce a alguien que está peor que él y que no se queja.

Víctor no desea mal a nadie ni desea compararse con nadie. Solo desea un alivio que tarda en llegar. Y, entonces, Víctor empieza a tragarse las letras, las palabras, las frases...

Sus amigos algunas veces vienen a merendar a casa con él, pero deben acudir a clase, atender sus tareas y actividades extraescolares. Víctor los echa mucho de menos, pero lo entiende perfectamente. Mientras sus padres se marchan a trabajar, su abuelo le hace compañía. A veces va a casa su profesora Raquel, le explica la lección y le manda tareas para realizar en casa. Víctor cada vez se siente más triste. Empieza a perder el apetito y a perder peso.

Aunque Víctor siempre está acompañado por alguien, cada vez se siente más solo. Empieza a sentirse cada vez más invisible. Eso sí, su indeseado amigo, el DOLOR, nunca lo abandona. Se siente nervioso, triste, atrapado, dolorido y agotado. Siente que no puede más.

Sus padres están muy preocupados y deciden visitar un nuevo médico. Esta vez van a la consulta de una doctora llamada Soraya. Ella escucha detenidamente el relato de Víctor y sus padres. También le pregunta cuáles son sus síntomas.

Soraya cree saber lo que le sucede a Víctor, pero, de momento, no quiere precipitarse y anticiparse al diagnóstico. Quiere estar segura. Eso es un pequeño alivio para el pequeño y su familia. La doctora dice que Víctor ha de realizarse unas pruebas.

Una vez realizadas, Víctor lleva los resultados de las pruebas a la consulta de la doctora Soraya.

La doctora les dice que han de visitar un nuevo doctor en la Unidad del Dolor y acudir a rehabilitación.

En la Unidad del Dolor del hospital conocen al doctor Pablo. El nuevo doctor le cambia la medicación. Dice que hay que tener paciencia para que el nuevo tratamiento reduzca el DOLOR.

Berta, la fisioterapeuta, se presenta. Ella es quien ayuda a Víctor a mover la rodilla despacito. También lo ayuda a hacer unos ejercicios sencillos que ha de repetir cada día en casa. Después, se tumba en una camilla donde hay un aparato, que le ha explicado, que tiene campos magnéticos que él no consigue ver. Berta dice que la máquina ayudará al cuerpo de Víctor a regenerase y reducir el DOLOR.

Víctor juega al parchís con sus abuelos Concha y Paco. Su vecina María José lo ayuda con las tareas de la escuela y sus padres cada día lo acompañan y ayudan a realizar su rehabilitación, pero sigue triste. El DOLOR lo acompaña. Echa de menos la escuela y a sus amigos. Siente rabia hacia su compañero inseparable y solo tiene ganas de llorar.

Esa tarde, después de merendar, papá lleva a Víctor a la consulta de un nuevo especialista. Rubén no le realiza pruebas ni le receta nuevos medicamentos. Tampoco le hace realizar movimientos ni ejercicios con su rodilla. Se sienta, se presenta y le pregunta qué le ha sucedido, cómo se siente, por qué está triste, qué cosas le gustaba hacer antes de su caída. Rubén no lo juzga, simplemente lo escucha y le hace sacar todo lo que lleva guardado tanto tiempo.

Rubén le cuenta la historia de una niña que se sentía perdida como él. Una niña valiente que ha aprendido a plantar cara a su DOLOR. Se llama ESPERANZA. Rubén le cuenta cómo ella aprendió a no estar triste siempre. Le dice que fue poco a poco; primero consiguió no estar triste todas las horas y después, no estar triste todos los días de la semana. Además, le cuenta que Esperanza encontró en la pintura de cuadros una afición que la relaja y la hace feliz.

Rubén le explica otro día que Esperanza también aprendió a meditar. Víctor pregunta a Rubén qué es eso de meditar. Rubén le ha explicado que consiste en calmar el cuerpo y la mente a través de la respiración.

Víctor pone cara rara. Entonces, Rubén le pide que confíe en él y que cierre los ojos. Víctor lo hace y mientras comienza a sonar una agradable música. Rubén le habla, le indica que intente escuchar los latidos de su corazón y luego, que perciba cómo el aire entra en sus pulmones y luego cómo sale fuera de él.

Víctor se tranquiliza unos segundos, pero al menos es un buen comienzo. Ahora sabe que cuando no sepa qué hacer, se sienta nervioso o triste, puede parar y respirar.

Una tarde, mamá lo lleva en silla de ruedas a la churrería del barrio. Víctor no tiene hambre ni ganas de ir, pero no quiere disgustar a mamá y no protesta. Mamá lo acerca a una mesa donde esperan una señora y una niña. Mamá y la señora se saludan. La mujer se llama Anabel y la niña Esperanza. Los pequeños al principio sienten un poco de vergüenza, pero poco a poco van animándose a conversar.

Un día Víctor y sus padres van en coche a casa de Anabel y Esperanza porque no viven en la misma ciudad.

Mientras los mayores toman un refresco y unas papas, la pequeña lleva a Víctor a su lugar preferido de la casa. Cuando entran a la habitación, Víctor ve algunos lienzos pintados y otros sin pintar, ve muchos botes y pinturas. También puede ver varios pinceles sobre el pupitre de su amiga. Esperanza le muestra su cuadro preferido: es uno con dos alas; sobrevuelan sobre un fondo con muchos colores.

Esperanza se lo regala y le pide que algún día le haga un regalo para ella.

Pronto, Víctor y Esperanza se hacen grandes amigos y confidentes. Comparten momentos felices y otros no tan felices. En esos momentos, Esperanza le cuenta cómo pinta sus cuadros. Ella lo entiende. Le sonríe y pone una mano sobre su hombro cuando percibe que el DOLOR acecha a su nuevo amigo.

Al llegar a su casa, Víctor no sabe qué regalar a Esperanza. Entonces se recuesta y, cuando el DOLOR se lo permite, se duerme.

Sueña que tiene un par de alas. Su imaginación vuela y le lleva a otros lugares. En esos lugares habitan diversos personajes.

Cuando despierta, se le ocurre una idea genial: va a regalar a Esperanza un libro con el mundo que él imagina en sus sueños. Víctor pide una libreta al abuelo Godofredo. Y sus letras, sus palabras, sus frases empiezan a salir de nuevo de él. Solo que esta vez a través de su puño; con su bolígrafo y papel.

Poco a poco, lentamente, el DOLOR va dejando de ocupar todo el día. Y a veces es menos arrollador con él y le permite caminar un poquito con la ayuda de un bastón. Víctor puede volver a hacer algunas cosas como, por ejemplo, aquello que echaba tanto de menos: acudir a la escuela, escuchar las explicaciones de su profesora Raquel y rodearse de sus amigos.

Al principio, teme que el DOLOR no le permita atender las explicaciones de su profesora ni jugar a juegos divertidos con sus compañeros de clase, pero Víctor quiere seguir aprendiendo y eso es más poderoso que el DOLOR.

Si algún día necesita un juego menos ajetreado, Demian y Noelia siempre piensan algún juego más tranquilo para poder compartir tiempo con él.

Víctor se siente querido y comprendido. No hay mayor enemigo para el DOLOR que el AMOR. Siente que ya no es invisible, que es importante para los suyos. Siente que quieren disfrutar junto a él en los momentos mejores y que intentan apoyarlo en los no tan buenos.

Víctor quiere seguir luchando cada día por todas esas personas que lo quieren, le dedican su tiempo y energía: su familia, sus amigos, todos y cada uno de los médicos y especialistas que siguen buscando, cada día, un mayor alivio en su vida.

Pero Víctor también sigue luchando por sí mismo. Ha vuelto a encontrarse y ha aprendido mucho a escuchar el DOLOR ajeno. Entiende el silencio y la mirada perdida de los demás.

Aprovecha las cosas que ha aprendido en este duro camino que ha recorrido y que sigue recorriendo cada día. Ahora sabe que, escuchando, poniendo su mano sobre sus hombros, puede acompañarlos y ayudarlos al menos un poquito. Ha entendido que un pequeño granito de arena puede significar un pequeño atisbo de luz para una vida con DOLOR. Puede hacer ese camino un poco menos difícil y duro.

Ah..., esto no ha terminado.

Hoy Víctor ha ido al cumpleaños de su gran amiga Esperanza. Ha sido un bonito día. Estaban su familia y sus amigos de la escuela, pero para ambos el mejor momento del día ha sido cuando ella ha destapado el regalo de Víctor: un libro escrito por él y para ella.

Ahora Víctor sana un poco cada vez que deja volar su imaginación y escribe cuentos e historias. Ahora Víctor enseña a sus padres a meditar cuando vuelven de trabajar.

Ahora Víctor ha entendido que no va a otorgar al DOLOR el papel de protagonista principal de su propia historia porque, aunque no ha desaparecido del todo y a veces el DOLOR lo sigue acechando, ha decidido que definitivamente el protagonista de su propia vida no es otro que él mismo.

Dado que mi motor en la redacción del cuento en ningún momento fue económico, tras conseguir que la presente editorial me publicase el libro, inicié la búsqueda de alguna asociación relacionada con el dolor crónico infantil para poder aportar mi granito de arena en la causa. Mis dos objetivos principales al redactar el cuento "El dolor de Víctor" son: poder ayudar en la medida de lo posible a niñ@s y adolescentes que viven con dolor crónico, así como a sus familias y círculo más cercano.

En mi indagación encontré la asociación valenciana dolor.in. Conseguí ponerme en contacto con una de las personas que lo integran y pude contarle mi proyecto. He de decir, primero de todo, que se alegró mucho de que publicasen mi relato porque no existe mucha literatura infantil relacionada con el dolor crónico, por lo menos en castellano. Pedí permiso para incluir su logo y referencias en mi cuento y obtuve su visto bueno.

A través del cuento esperamos dar mayor visibilidad al dolor crónico, crear conciencia y aportar un pequeño rayito de luz en el camino de pequeñas grandes personitas que lo sufren a diario.

El objetivo de dolor.in es mejorar el dolor del niño, considerando su edad y necesidades específicas. La asociación está constituida por profesionales de la salud, que trabajan para mejorar el dolor tanto agudo como crónico infantil desde una perspectiva multidisciplinar. Su equipo está constituido por las siguientes disciplinas; fisioterapeuta, pediatra, enfermera, farmacéutica hospital, psicopedagoga, psicóloga y anestesista. Sus estrategias de actuación y difusión son campañas de sensibilización social, tareas de formación, investigación y tratamiento del dolor infantil.

Si quieres conocer más de dicha asociación, bien porque crees que pueda irle bien su ayuda a algún niñ@ o adolescente cercano a tí, o simplemente porque te gustaría proporcionar ayuda de alguna manera en su causa, te invitamos a que conozcas su web.

Escanéa el CR

© Laura Sorlózano Trigos (de la obra)
©Apuleyo Ediciones (de esta edición)
Primera edición en Apuleyo Ediciones: Febrero 2024
Diseño de cubierta: Sofía Corzo González
Corrección: Aitor Andreu Guerrero
Maquetación: Alejandro Bermejo Cercas
Ilustraciones: Vitor Oliver
Coordinación editorial: Isidoro Cidre González
info@apuleyoediciones.com
www.apuleyoediciones.com
ISBN: 978-84-10068-21-6
Depósito legal: H 699-2023

Hecho e impreso en España.